Nanni Knudsen

Holzringe – dekorativ geschmückt

mit Bändern, Holz-Streuteilen und mehr

Fröhlicher Blumenstecker und Anhänger

(Abbildung Seite 1)

Nach dem Bemalen in Rosa werden die Ringe zuerst mit dem Organzaband, dann mit dem karierten Schleifenband, welches genau auf dem Organzaband liegen muss, umwickelt. Nun können Sie die Holzteile in die Ringe kleben. Der Anhänger wird mit einer gebundenen Organzaschleife verziert, auf die Sie eine kleine, karierte Schleife setzen. Als Aufhängung binden Sie aus dem übereinander liegenden Organza- und Schleifenband eine kleine Schlaufe. Für den Stecker bohren Sie ein kleines Loch in den Ring und kleben in die Öffnung einen Schaschlikstab. Binden Sie die Schleifen und bringen Sie sie gemäß der Abbildung übereinander an. Schon haben Sie zwei niedliche Geschenke angefertigt, die viel Freude bereiten werden.

Material Anhänger

- 1 Holzring, ø 70 mm
- Bastelfarbe, rosa
- Schleifenband, rosa-weiß kariert, 5 mm breit, 1 x ca. 40 cm lang (Umwickeln des Ringes), 3 x ca. 18 cm lang (2 Schleifen und Aufhänger)
- Organzaband, dunkelrosa, 1 cm breit, 1 x ca. 40 cm lang (Umwickeln des Ringes), 2 x ca. 26 cm lang (2 Schleifen), 1 x ca. 18 cm lang (Aufhängerband)
- Holz-Streuteil: 1 Blüte mit Gesicht, rosa

Material Blumenstecker

- 1 Holzring, ø 55 mm
- Bastelfarbe, rosa
- Schleifenband, rosa-weiß kariert, 5 mm breit, 1 x ca. 35 cm lang (Umwickeln des Ringes), 1 x ca. 40 cm lang (Schleife)
- Organzaband, dunkelrosa, 1 cm breit, 1 x ca. 35 cm lang (Umwickeln des Ringes), 1 x ca. 55 cm lang (Schleife)
- Holz-Streuteil: 1 Küken, rosa
- 1 Schaschlikstab

Fotos: frechverlag GmbH, 70499 Stuttgart;
Fotostudio Ullrich & Co., Renningen

Dieses Buch enthält:
1 Vorlagenbogen

Auflage: 5. 4. 3. 2. 1. | Letzte Zahlen
Jahr: 2006 2005 2004 2003 2002 | maßgebend

frechverlag GmbH, 70499 Stuttgart
Druck: frechdruck GmbH, 70499 Stuttgart

ISBN 3-7724-3044-9 · Best.-Nr. 3044

In diesem Buch zeige ich Ihnen Vorschläge, wie Sie einfache Holzringe durch Bemalen, Umwickeln mit Schleifenband und Bekleben mit Holz-Streuteilen in kleine und hübsche Blickfänge verwandeln können.
Je nach Gestaltung der Ringe schmücken diese Fensterbäume, ausgefallene Tischdekorationen, Karten oder wirken ganz für sich alleine. Mit einem langen Aufhängeband versehen, können sie hohe Treppenaufgänge ausfüllen oder sie finden ihren Platz als Dekoration im Fenster.
Auch zu Steckern oder Namensketten verarbeitet, gelingen Ihnen mit wenig Aufwand persönliche und originelle Geschenke.

Die vorgestellten Motive werden Sie bestimmt zum Nacharbeiten anregen und dabei wünsche ich Ihnen viel Spaß.

Nanni Knudsen

Die wichtigsten Materialien und Hilfsmittel

- Holzringe in unterschiedlichen Größen
- Bastelfarbe
- Pinsel zum Bemalen
- Bastelschere
- Heißkleber, Holzleim oder Alleskleber
- Schaschlikstab zum Betupfen
- Schleifenband in unterschiedlichen Farben und Breiten
- Baumwollgarn zum Aufhängen
- Bunte Holzperlen
- Holzstreuteile nach Wunsch
- Für Stecker z. B. Handbohrer oder Akkuschrauber mit passendem Bohrer

So wird's gemacht

Bemalen Sie den Holzring mit Bastelfarbe in dem gewünschten Farbton.
Nach dem Trocken können Sie den Ring entweder mithilfe eines Schaschlikstabes mit Farbe betupfen oder mit Schleifenband umwickeln. Dann können Sie die Holzstreuteile mit Klebstoff befestigen. Um die Teile in der Ringmitte zu befestigen müssen diese am unteren Rand mit Heiß- oder Alleskleber bestrichen werden. Nun setzen Sie das Streuteil auf den inneren Ringrand und drücken es fest.

Folgende Technik hat sich für das Umwickeln mit Schleifenband bewährt:
Schneiden Sie das Schleifenband in der benötigten Länge ab. (Die Längenangaben beinhalten immer etwas Verschnitt.) Dann fixieren Sie ein Ende des Bandes mit Klebstoff am Ring und umwickeln den Holzring mit dem restlichen Band. Die Enden des Schleifenbandes sollten zum Schluss übereinander liegen, damit sich so nur eine Klebestelle ergibt. Diese können Sie beim Gestalten des Holzringes durch Überkleben mit einer Schleife oder einem Streuteil verdecken.

Anschließend können Sie die Ringe z. B. auf einem Schaschlikstab anbringen, an ein Mobile hängen, mit einem Aufhängefaden versehen etc. Möchten Sie einen Stecker anfertigen, müssen Sie zuerst mit einem kleinen Bohrer ein Loch in den Ring bohren. Dann kleben Sie die spitze Seite des Schaschlikstabes dort hinein. Nun können Sie den Ring bemalen und nach Wunsch gestalten.

Tipps und Tricks

Beim Basteln von Ketten verbinden Sie zuerst die mit Schleifenband umwickelten Ringe mit einem Baumwollfaden. Dabei fädeln Sie z. B. Holzperlen gleich mit auf. Nun können Sie die Ringe fertig gestalten.

Wie Sie die kleinen Schleifen binden, erfahren Sie auf dem Vorlagenbogen.

Möchten Sie zusammen mit Kindern basteln, sollten Sie umweltfreundliche, wasserverdünnbare Bastelfarbe verwenden. Diese Farben decken sehr gut und trocknen schnell, sodass bei Bedarf nach kurzer Zeit ein weiterer Farbauftrag angebracht werden kann.

Wenn Sie mit Kindern basteln, sollten Sie statt Heißkleber Holzleim (z. B. UHU-Coll) oder Alleskleber verwenden.

Achten Sie darauf, dass bei Dekorationen, die im Fenster hängen sollen, die Streuteile beidseitig bedruckt sind. Sollte dieses nicht der Fall sein, arbeiten Sie die Rückseite einfach gegengleich.

Die gezeigten Ideen sind als Anregungen gedacht. Sollten Sie nicht genau die gezeigten Holz-Streuteile erhalten, seien Sie kreativ und wandeln Sie die Modelle etwas ab.

Frisches Blau/Weiß

Zuerst werden die Ringe bemalt und mit dem farblich abgestimmten Schleifenband umwickelt. An den großen und den kleinen Ring knoten Sie nun das Aufhängeband für die Herz-Streuteile. Jetzt kleben Sie, in passender Höhe, die Streuteile auf den Baumwollfaden. In das große, offene Herz, setzen Sie die beiden kleinen Herzen auf den Faden und fixieren diese. Überstehende Enden des Baumwollfadens schneiden Sie einfach ab. Die Holzblüte wird in den mittleren Ring geklebt. Nun knoten Sie die 12 cm langen Fäden oben und unten an diesen Ring. Die Perlen müssen in der richtigen Reihenfolge aufgefädelt werden, bevor Sie die Ringe miteinander verbinden. Danach bringen Sie das Aufhängeband für die Kette an. Dieses wird, genau wie bei dem hellblauen Ring, durch die Schlaufe gezogen, die beim Aufhängen der Herzen entstanden ist. Zuletzt werden die kleinen Schleifen gebunden und auf die Vorder- und Rückseite geklebt.

Material

- 2 Holzringe, ø 55 mm
- 1 Holzring, ø 75 mm
- Bastelfarbe, blau, stahlblau und hellblau
- Schleifenband, 5 mm breit, blau-weiß kariert, 1 x ca. 44 cm lang (Umwickeln des Ringes), 2 x ca. 35 cm lang (2 Schleifen) stahlblau-weiß kariert, 1 x ca. 33 cm lang (Umwickeln des Ringes), 2 x ca. 35 cm lang (2 Schleifen), hellblau-weiß kariert, 1 x ca. 33 cm lang (Umwickeln des Ringes), 2 x ca. 35 cm lang (2 Schleifen)
- 3 Holzperlen, weiß, ø 8 mm
- 3 Holzperlen, weiß, ø 6 mm
- Holz-Streuteile, weiß: 2 große Herzen, 2 mittelgroße Herzen, 2 kleine Herzen, 1 Blüte
- Baumwollfaden, blau, 1 x ca. 100 cm lang (Aufhängeband), 2 x ca. 8 cm lang (Aufhängen der Herzen), 2 x ca. 12 cm lang (Verbinden der Ringe)

Material gelber Blütenring

- 1 Holzring, ø 65 mm
- Bastelfarbe, gelb
- Schleifenband, gelb-weiß kariert, 1 cm breit, 1 x ca. 37 cm lang (Umwickeln des Ringes), 2 x ca. 25 cm lang (2 Schleifen)
- 1 Holzblüte, gelb, ø ca. 4 cm
- 1 Holzperle, gelb, ø 12 mm
- 1 Holzperle, weiß, ø 10 mm
- 1 Holzperle, gelb, ø 8 mm
- Baumwollfaden, gelb, ca. 100 cm lang (Aufhängeband)

Blütenringe in Gelb und Rot

(Anleitung Seite 8)

Material roter Blütenring

- 1 Holzring, ø 55 mm
- Bastelfarbe, rot
- Schleifenband, rot-weiß kariert, 5 mm breit, ca. 33 cm lang (Umwickeln des Ringes)
- Schleifenband, rot-weiß kariert, 1 cm breit, 2 x ca. 35 cm lang (2 Schleifen)
- 2 Holzblüten, rot, ø ca. 4 cm
- 3 Holzperlen, weiß, ø 8 mm
- 3 Holzperlen, weiß, ø 6 mm
- Baumwollfaden, rot, 1 x ca. 43 cm lang (Aufhängen der Holzblüten), 1 x ca. 100 cm lang (Aufhängeband)

Blütenringe in Gelb und Rot

(Abbildung Seite 7)

Der gelb bemalte Holzring wird mit dem Schleifenband umwickelt. In seine Mitte kleben Sie die Holzblüte. Binden Sie zwei gleich große Schleifen, die unter der Blüte auf Vorder- und Rückseite des Ringes geklebt werden. Anschließend knoten Sie den Baumwollfaden zum Aufhängen fest und ziehen darauf die Perlen.
Für den roten Blütenring werden zuerst beide Holzblüten mit dem Baumwollfaden verbunden und die Perlen aufgezogen. Dann knoten Sie den Faden an den bemalten Ring. Die Schleifen kleben Sie erst nach dem Anbringen des Aufhängebandes, welches noch mit zwei Perlen verziert wird, an.

MEIN TIPP

Diese Blütenringe sehen auch im Fenster besonders hübsch aus.

Osterketten in Pastell

Bemalen Sie alle Holzringe und umwickeln Sie sie mit dem dazu passenden Schleifenband. Dann verbinden Sie sie in der gewünschten Reihenfolge mit Baumwollfaden. Knoten Sie an den unteren Ring die filigrane Blüte. In die Mitte der Ringe wird nun das entsprechende Holzteil geklebt und die Vorder- und Rückseiten werden mit Schleifen verziert. Jetzt können die Ketten, mit einem Aufhängeband versehen, Ihre österlich dekorierten Fenster schmücken.

Material pro Kette

- 2 Holzringe, ø 55 mm
- 1 Holzring, ø 70 mm
- Bastelfarbe, zitronengelb, flieder oder hellgrün
- Schleifenband, gelb-weiß, flieder-weiß oder apfelgrün-weiß kariert, 5 mm breit, 1 x ca. 35 cm lang (Umwickeln großer Ring), 2 x ca. 30 cm lang (Umwickeln kleiner Ring)
- Schleifenband, gelb-weiß, flieder-weiß oder apfelgrün-weiß kariert, 1 cm breit, 4 x ca. 28 cm lang (Schleifen kleine Ringe), 2 x ca. 34 cm lang (Schleifen großer Ring)
- Baumwollfaden, gelb, flieder oder grün, 3 x ca. 10 cm lang (Verbinden der Ringe und Aufhängen der Blüte), 1 x ca. 100 cm lang (Aufhängeband)
- Holz-Streuteile: Je 1 Hasenkopf, 1 Blüte mit Gesicht, 1 Küken und 1 filigrane Holzblüte, gelb, flieder oder apfelgrün

GARTENFEST BEI
CHARLENE UND CHRIS
Eileen
Pascal

Gartenparty

Einladungskarte

Falten Sie den Tonkarton in der Mitte. Der karierte Kreis wird auf die Vorderseite der Karte geklebt. Genau darauf bringen Sie den grün bemalten Holzring an. Anschließend fixieren Sie das Schleifenband ca. 10 cm vom oberen Rand entfernt auf der Karte und bringen rechts und links eine Holzklammer an. Zum Schluss werden die Gemüse-Streuteile fixiert. Jetzt können Sie die Karte beschriften. Dazu habe ich das spitze Ende eines Schaschlikstabes in Bastelfarbe getaucht und mit diesem geschrieben.

Serviettenringe

Die Ringe werden bemalt und mit Schleifenband umwickelt. Je nach Größe der Streuteile kleben Sie nun beide Ringe mit einem Abstand von ca. 1 cm bis 1,5 cm zueinander zwischen je drei Gemüsestreuteile. Verwenden Sie dazu am besten Heißkleber.

Material Einladungskarte

- 1 Holzring, ø 70 mm
- Bastelfarbe, grün
- Tonkarton, terrakotta, ca. 13,5 cm x 22 cm
- Kreis aus Tonkarton, grün-weiß kariert, ø ca. 7 cm
- Schleifenband, grün-weiß kariert, 5 mm breit, ca. 12 cm lang
- Holz-Streuteile: Zwiebel, Lauch, Radieschen
- 2 kleine Holz-Wäscheklammern, grün
- Schaschlikstab

Material pro Serviettenring

- 2 Holzringe, ø 55 mm
- Bastelfarbe, grün oder terrakotta
- Schleifenband, grün-weiß oder olivgrün-weiß kariert, 5 mm breit, 2 x ca. 33 cm lang (Umwickeln der Ringe)
- Holz-Streuteile: 3 Spargel oder 3 Bohnen

Tischkarten

Falten Sie den Tonkarton in der Mitte und kleben Sie den bemalten Holzring auf. Nachdem Sie die Blüte von der Klammer gelöst haben, platzieren Sie sie auf der Tischkarte. Jetzt schreiben Sie den Namen des Gastes auf die Karte (s. Einladung) und schon weiß jeder, wo er sitzen soll.

Material pro Tischkarte

- 1 Holzring, ø 55 mm
- Bastelfarbe, gelb oder hellblau
- Tonkarton, grün oder terrakotta, ca. 11,5 cm x 11,5 cm
- Holz-Streuteile: Blütenklammern, gelb oder hellblau
- Schaschlikstab

Teelichter

Die bemalten Holzringe kleben Sie aufeinander. Wickeln Sie nun den längeren Baststreifen gemäß der Abbildung um beide Ringe und fixieren Sie die Enden mit Klebstoff. Anschließend werden seitlich die Streuteile und Schleifen im Wechsel angebracht. Stellen Sie nun den Teelichthalter mit Teelicht in die Mitte der Ringe.

Material pro Teelicht

- 2 Holzringe, ø 70 mm
- Bastelfarbe, grün oder terrakotta
- Schleifenband, grün-weiß oder olivgrün-weiß kariert, 5 mm breit, ca. 3 x 18 cm lang (3 Schleifen)
- Bast, natur, 1 x ca. 25 cm lang (Umwickeln des Ringes), 3 x ca. 20 cm lang (3 Schleifen)
- 1 Teelichthalter aus Holz, ø ca. 4,5 cm
- Holz-Streuteile: 3 verschiedene Gemüse
- 1 Teelicht, grün

Hoch zu See

Nach dem Bemalen der Ringe drapieren Sie um diese ein Stück Juteband, welches Sie festkleben. Fixieren Sie die Streuteile und Holzperlen gemäß der Abbildung in den Ringen und auf dem Schiff. Nun können Sie den Friesenbogen nach Wunsch dekorieren. Mit einer Schleife werden die Ringe festgeknotet, eine weitere Schleife gibt allem den letzten Schliff.

Material

- 4 Holzringe, ø 55 mm
- Bastelfarbe, blau
- Schleifenband, blau-weiß kariert, 5 mm breit, 5 x ca. 30 cm lang (5 Schleifen)
- Juteband, natur, 5 cm breit, 4 x ca. 2 cm lang
- 1 Friesenbogen „Schiff", blau, ca. 27 cm hoch
- 3 Holzperlen, blau, ø 8 mm
- Holz-Streuteile: 3 Seesterne, 1 großer und 1 kleiner Zierfisch, 2 Anker, 1 Seepferdchen, 1 Leuchtturm, 1 Schiff

Material

- 2 Holzringe, ø 55 mm
- Bastelfarbe, hellblau
- Juteband, natur, 5 cm breit, 2 x ca. 3 cm lang
- Etwas Bast, blau
- Baumwollfaden, blau, 2 x ca. 100 cm lang
- 2 Holzperlen, natur, ø 15 mm
- Holz-Streuteile: 3 Fische, hellblau

Fröhliche Fische

Nach dem Bemalen in Hellblau kleben Sie das Juteband nach Wunsch um oder in den Ring und fixieren es mit Klebstoff. Nun werden nur noch die Fische und eine kleine Bastschleife angebracht. Das mit der Holzperle versehene Aufhängeband knoten Sie an den Ring.

MEIN TIPP

Falls die Ringe frei hängen sollen, arbeiten Sie die Rückseite bitte gegengleich. Sehr hübsch sieht es aus, wenn Sie mehrere Exemplare in unterschiedlichen Höhen aufhängen – wie ein kleiner Fischschwarm.

Material Stecker

- 1 Holzring, ø 55 mm
- Bastelfarbe, rosa oder hellblau
- Spitze, weiß, ca. 2,5 cm breit, ca. 40 cm lang (Schleifen)
- Schleifenband, rosa- oder hellblau-weiß kariert, 5 mm breit, ca. 20 cm lang (Schleifen)
- Baumwollfaden, weiß, ca. 20 cm lang (Aufhängen der Blüten)
- 2 Holzperlen, weiß, ø 8 mm
- Holz-Streuteile: 2 filigrane Blüten, rosa oder hellblau, 1 Herz, weiß, 2 Babyutensilien, rosa oder blau
- 1 Schaschlikstab

Zur Geburt

Stecker

Die Herstellung dieser kleinen und originellen Stecker ist sehr einfach. Bemalen Sie den Holzring mit Bastelfarbe, bohren Sie ein Loch in den Ring und kleben Sie den Schaschlikstab dort hinein.
Beide Holzblüten werden nun mit dem Baumwollfaden verbunden, vor dem Verknoten bitte die Holzperlen auffädeln. Jetzt befestigen Sie den Faden am Ring und platzieren ein Streuteil (Fläschchen oder Strampler) in dessen Mitte. Aus der Spitze und dem karierten Band

werden Schleifen gebunden, die Sie unterhalb des Streuteils aufkleben. Zum Schluss werden das kleine Herz sowie das andere Streuteil (Jäckchen oder Socken) angebracht.

Rosa Karte

Zuerst falten Sie den karierten Tonkarton in der Mitte. So entsteht die Karte, die innen Platz für Ihren Glückwunsch bietet. Auf die Vorderseite kleben Sie nun den Tonkarton in Rosa und verzieren den linken sowie den unteren Rand mit Schleifenband. Der umwickelte Holzring wird auf das rosa Tonkartonstück gesetzt. Zum Schluss werden die beiden Schleifen und die Streuteile angebracht. Mit der spitzen Seite des Stabes, der in die Bastelfarbe getaucht wird, schreiben Sie den Namen des Kindes auf die Karte.

Blaue Karte

Falten Sie den Tonkarton in der Mitte. Schneiden Sie nun den ovalen Kartenausschnitt aus und unterlegen Sie diesen mit dem gelb-weiß karierten Tonkarton. Jetzt verzieren Sie den oberen und unteren Rand der Karte mit dem Schleifenband. Der Holzring wird nach dem Bemalen mit gelben Tupfen versehen und in den Kartenausschnitt geklebt. Nach dem Anbringen der gebundenen Schleife und der Streuteile beschriften Sie die Karte mit der spitzen Seite des Schaschlikstabes. Übrigens entstehen die kleinen Tupfen mit der spitzen und die großen Tupfen mit der stumpfen Seite des Stabes.

Material rosa Karte

- 1 Holzring, ø 55 mm
- Bastelfarbe, weiß
- Schleifenband, rosa-weiß kariert, 1 cm breit, 1 x ca. 8 cm lang (unterer Rand), 1 x ca. 12 cm lang (linker Rand)
- Schleifenband, rosa-weiß kariert, 5 mm breit, ca. 20 cm lang (kleine Schleife)
- Organzaband, dunkelrosa, 1 cm breit, 1 x ca. 35 cm lang (Umwickeln des Ringes), 1 x ca. 30 cm lang (Schleife)
- Tonkarton, rosa-weiß kariert, 23 cm x 18 cm
- Tonkarton, rosa, 8 cm x 12 cm
- Holz-Streuteile: 2 Herzen, weiß, 1 Schaf
- Schaschlikstab

Material blaue Karte

- 1 Holzring, ø 55 mm
- Bastelfarbe, gelb und hellblau
- Schleifenband, 1 cm breit, gelb-weiß kariert, ca. 2 x ca. 18,5 cm lang (Ränder), 1 x ca. 30 cm lang (Schleife)
- Tonkarton, hellblau, ca. 18,5 cm x 26 cm
- Tonkarton, gelb-weiß kariert, ca. 12,5 cm x 18 cm
- Holz-Streuteile: 1 Teddy, 2 Enten
- Schaschlikstab

Schleifen binden

1.

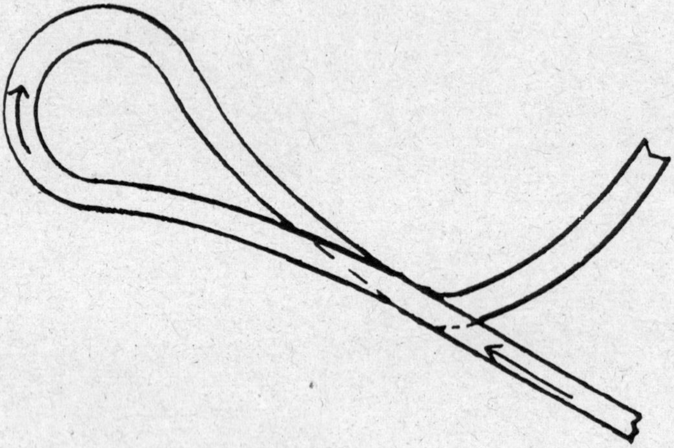

2.

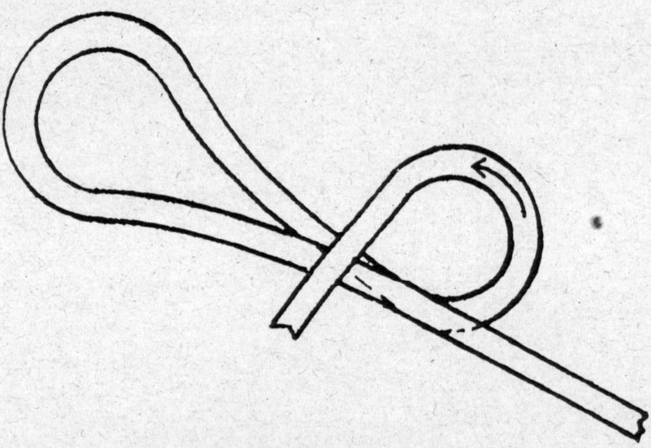

3.

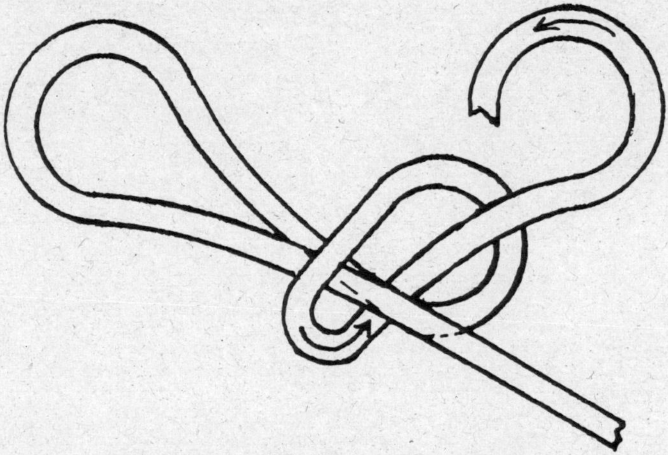

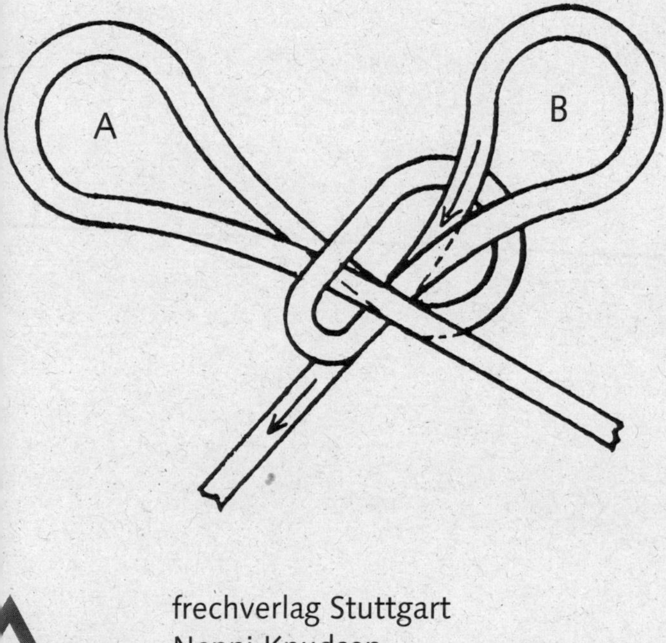

Halten Sie die Schlaufen A und B fest, während Sie an den Bandenden ziehen und so den Knoten fixieren.

frechverlag Stuttgart
Nanni Knudsen
Holzringe – dekorativ geschmückt
mit Bändern, Holz-Streuteilen und mehr
Best.-Nr. 3044
Vorlagenbogen

Geburtstagskarte

Hinterlegen Sie die Karte mit dem grünen Tonpapier und kleben Sie den bemalten und mit Schleifenband umwickelten Holzring auf. Die kleine Raupe, die noch eine Schleife bekommen hat, findet ihren Platz in der Ringmitte. Oberhalb des Ringes bringen Sie noch das Blatt und den Stiel an, schon ist der Apfel fertig.
Beschriften Sie die Karte (s. Seite 11) zum Schluss.

Material

- 1 Holzring, ø 70 mm
- Bastelfarbe, rot und grün
- Schleifenband, rot-weiß kariert, 5 mm breit, ca. 40 cm lang (Umwickeln des Ringes)
- Schleifenband, grün-weiß kariert, 5 mm breit, ca. 12 cm lang (Schleife)
- Tonpapier, grün, ca. 10 cm x 14,5 cm
- 1 Passepartout-Karte, rot
- Holz-Streuteile: 1 Blatt, 1 Raupe
- Stück Ast
- Schaschlikstab

Kindergeburtstag

Karte

MEIN TIPP

Diese Karte können Sie mit dem entsprechenden Text auch als Einladung verwenden.

Nachdem Sie den Tonkarton in der Mitte gefaltet haben, kleben Sie den bemalten und mit Schleifenband umwickelten Holzring auf die Vorderseite. Der Drachen wird in den Ring gesetzt und fixiert. Die Länge des Drachenschwanzes ergibt sich aus der Anzahl der Buchstaben, wobei immer im Wechsel ein Buchstabe geschrieben und eine Schleife aufgeklebt wird. Beschriften Sie die Karte mit Filzstift und tupfen Sie mit dem Schaschlikstab gelbe Punkte auf. Mit der spitzen Seite entstehen kleine Punkte in Zitronengelb, die stumpfe Seite zaubert große, goldgelbe Punkte auf die Karte.

Serviettenringe

Nach dem Bemalen der Holzringe werden diese mit Heiß- oder Alleskleber aufeinander geklebt. Das Schleifenband wickeln Sie gemäß der Abbildung um die Ringe und fixieren beide Enden mit Klebstoff. Die Klebestelle verdecken Sie mit dem Marienkäfer oder der Sonne.

Tischkarten

(Material Seite 20)

Falten Sie den Tonkarton in der Mitte und kleben Sie den bemalten und mit Schleifenband umwickelten Ring auf das Kärtchen. Bringen Sie die Biene oder das Küken sowie eine kleine Schleife an. Schreiben Sie zum Schluss den Namen des Kindes auf die Karte.

Becher-Deko

(Anleitung und Material Seite 20)

Material Karte

- 1 Holzring, ø 55 mm
- Bastelfarbe, blau, zitronengelb, goldgelb
- Schleifenband, blau-weiß kariert, 5 mm breit, ca. 33 cm lang (Umwickeln des Ringes)
- Satinband, zitronengelb, 3 mm breit, 3 x ca. 15 cm lang (3 kleine Schleifen), sonnengelb, 4 x ca. 15 cm lang (4 kleine Schleifen)
- Tonkarton, blau-weiß kariert, ca. 15,5 cm x 23 cm
- Holz-Streuteil: 1 Drachen
- Schaschlikstab
- Filzstift, blau

Material pro Serviettenring

- 2 Holzringe, ø 55 mm
- Bastelfarbe, gelb, grün oder olivgrün
- Schleifenband, hellblau-weiß oder gelb-weiß kariert, 5 mm breit, ca. 20 cm lang
- Holz-Streuteile: 1 Marienkäfer oder 1 Sonne

Zum Geburtstag für
MARCEL
SARAH
RICK
THALIA

Becher-Deko

Bemalen Sie den Holzring in Hellgrün und kleben Sie dann vier gelbe Holzperlen als Füße unter ihn. Tupfen Sie mit der Spitze des Schaschlikstabes den Namen mit gelber Farbe auf. Die kleine Schildkröte und die gebundene Schleife finden neben dem Namen ihren Platz auf dem Ring. Hier hinein stellen Sie nun den Trinkbecher. Findet das Kind das gleiche Motiv auf seiner Platzkarte, ist eine Verwechslung der Getränke ausgeschlossen.

Kerzenring

Der Holzring wird nach dem Bemalen mit Schleifenband umwickelt. Vier große Holzperlen, unter den Ring geklebt, sorgen für einen sicheren Stand. Kleben Sie die beiden Kükenköpfe aufeinander und platzieren Sie dann die Holzteile auf dem Ring. Zum Schluss kleben Sie das Band um die Kerzentülle und bringen die Schleifen an.

Material pro Tischkarte

- 1 Holzring, ø 55 mm
- Bastelfarbe, gelb oder rot
- Schleifenband, gelb-weiß oder rot-weiß kariert, 5 mm breit, 1 x ca. 33 cm lang (Umwickeln des Ringes), 1 x ca. 28 cm lang (kleine Schleife)
- Tonkarton, gelb-weiß oder grün-weiß kariert, ca. 10,5 cm x 10,5 cm
- Holz-Streuteile: 1 Biene oder 1 Küken
- Filzstift, rot oder grün

Material Becher-Deko

- 1 Holzring, ø 90 mm
- Bastelfarbe, hellgrün und zitronengelb
- Schleifenband, gelb-weiß kariert, 1 cm breit, ca. 22 cm lang
- 4 Holzperlen, gelb, ø ca. 10 mm
- Holz-Streuteil: 1 Schildkröte
- Schaschlikstab

Material Kerzenring

- 1 Holzring, ø 100 mm
- Bastelfarbe, rot
- Schleifenband, orange-weiß kariert, 5 mm breit, 1 x ca. 68 cm lang (Umwickeln des Ringes), 2 x ca. 13 cm lang (2 Schleifen für Küken), 2 x ca. 18 cm lang (2 Schleifen für Holzzahl), 1 x ca. 8 cm lang (Umwickeln der Kerzentülle)
- 4 Holzperlen, natur, ø ca. 15 mm
- 1 Kerzentülle aus Holz, ø 2 cm
- 1 Kerze, weiß
- Holz-Streuteile: 1 Zahl je nach Bedarf, 1 Vogel, 1 Marienkäfer, 1 Biene, 1 Schildkröte, 2 Kükenköpfe

Lustige Namensketten

„Daniel"

Bemalen Sie die Buchstaben und Holzringe nach Wunsch. Sehr hübsch sieht es aus, wenn Tupfen, Buchstabe und Schleifenband in einer Farbe gehalten werden. Ihrer Kreativität sind hier keine Grenzen gesetzt, Sie können auch ganz andere Farbkombinationen wählen. Wichtig ist nur, dass die Ringe erst untereinander aufgehängt werden müssen, wobei Sie die Holzperlen gleich mit auffädeln. Erst dann klebt man die Holzbuchstaben in die Ringe und bringt beidseitig die Schleifen an.

„Dennis"

(Abbildung und Material Seite 22)

Bemalen Sie die Holzringe und Buchstaben wie auf dem Foto abgebildet. Sie können, je nach Länge des Namens, auch andere Farbkombinationen wählen. Bevor Sie die Ringe mit dem Draht verbinden, müssen die Perlen aufgereiht werden. Nun ziehen Sie die zu den Buchstaben passenden Schleifenbandstückchen durch die jeweiligen Ringe und kleben die Enden auf die Vor- und Rückseiten der Buchstaben. Jetzt werden die Holzstreuteile aufgeklebt. Zwei mit Schleifen verzierte Drahtschlaufen an den Außenseiten sorgen dafür, dass Sie die Kette aufhängen können.
Ob im Fenster oder an der Kinderzimmertür – ein Blickfang sind diese Ketten allemal.

Material „Daniel"

- 6 Holzringe, ø 75 mm
- Bastelfarbe, gelb, orange, rot, hellblau, dunkelblau, grün
- Schleifenband, gelb, orange, rot, hellblau, dunkelblau, grün, 1 cm breit, je 2 x ca. 27 cm lang (kleine Schleifen)
- Je 1 Holzperle, gelb, orange, rot, hellblau, dunkelblau, grün, ø 8 mm
- Baumwollfaden, gelb, ca. 100 cm lang (Aufhängeband für Kette), orange, rot, hellblau, dunkelblau, grün, je ca. 14 cm lang (Verbinden der Ringe)
- Holzbuchstaben nach Bedarf, natur
- Schaschlikstab

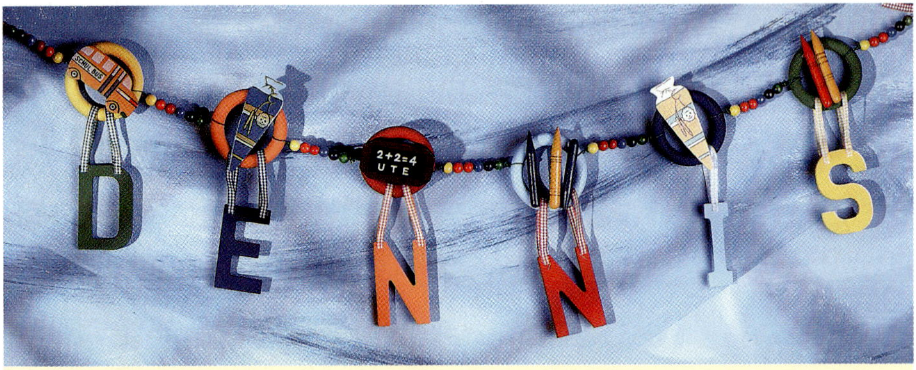

Material „Dennis"

- 6 Holzringe, ø 55 mm
- Bastelfarbe, gelb, orange, rot, hellblau, dunkelblau und grün
- Holzbuchstaben nach Bedarf, natur
- Draht, 7 x 8 cm lang, grün
- Schleifenband, 5 mm breit, hellblau-weiß kariert, 1 x 10 cm lang und gelb-, orange-, rot-, blau- und grün-weiß kariert, 2 x 10 cm lang (Aufhängen der Buchstaben)
- Schleifenband, 5 mm breit, rot-weiß kariert, 2 x 25 cm lang (2 Außenschleifen)
- Je 7 Holzperlen, ø 8 mm, gelb, orange, rot, stahlblau, blau und grün
- Holz-Streuteile: 9 Schulmotive

Friesenbaum für die Küche

Nach dem Bemalen umwickeln Sie die Ringe mit dem Schleifenband. Die drei großen Holzteile werden in die Mitte der Ringe geklebt. Füllen Sie die kleine Holzschüssel mit den Perlen und um den kleinen Bottich kleben Sie das dafür vorgesehene Schleifenband. Dekorieren Sie die Vase mit zwei kleinen Schleifen. Die Schlaufe zum Aufhängen der Ringe fertigen Sie aus dem Satinband, welches Sie durch den Ring legen und an den Enden zusammenkleben. Jetzt verbinden Sie zwei der kleinen Holzteile zum Aufhängen mit dem Baumwollfaden. Achten Sie beim Herstellen der Aufhängeschlaufe darauf, dass vor dem Zusammenkleben der Enden der Baumwollfaden mit in dieser Schlaufe liegt. Zum Schluss binden Sie zwölf kleinen Schleifen und fixieren diese, wie auf dem Foto zu sehen, auf Vorder- und Rückseiten der Ringe. Aus dem breiten Schleifenband fertigen Sie drei Schleifen, die mit dem Juteband unterlegt und mit dem Satinband zusammengebunden werden. Nun wird der Friesenbaum mit Schleifen und Ringen dekoriert.

Material

- 1 Friesenbaum, 33 cm hoch
- 6 Holzringe, ø 55 mm
- Bastelfarbe, blau
- Schleifenband, blau-weiß kariert, 1 cm breit, 6 x 30 cm lang (Umwickeln der Ringe)
- Schleifenband, blau-weiß kariert, 5 mm breit, 12 x 20 cm lang (kleine Schleifen), 1 x 9 cm lang (Umwickeln „Bottich") und 2 x 14 cm lang (Schleifen „Vase")
- Satinband, blau, 3 mm breit, 6 x 15 cm lang (Aufhängeschlaufe), 1 x 30 cm lang (Aufhängen des Friesenbaumes)
- Baumwollfaden, blau, 3 x 7 cm lang (Aufhängen der Holzteile)

- Holz-Streuteile: 6 Küchenteile zum Aufhängen (jeweils 2 pro Ring), 1 Schüssel, 1 Bottich, 1 Vase
- 5 Holzperlen, blau, ø 8 mm

Außerdem benötigen Sie für drei Schleifen:

- Schleifenband, blau-weiß kariert, 2,5 cm breit, 3 x 50 cm lang
- Satinband, blau, 3 mm breit, 3 x 35 cm lang
- Juteband, ca. 7,5 cm breit, 3 x 10 cm lang

Dekorativer Kochlöffel

Die grün bemalten Holzringe bekommen weiße Tupfen, die Sie mit der Spitze des Schaschlikstabes auftragen. In die Mini-Holzschüssel kleben Sie neun kleine Holzperlen. Die beiden anderen Miniaturteile werden mit dem Baumwollfaden verbunden. Nun fixieren Sie die Holzschüssel im Ring, befestigen die Schleifen und knoten das Aufhängeband oben an. Der andere Ring wird auch mit einem Aufhängeband versehen, dabei werden die Miniaturteile mit angebracht und die Schleifen angeklebt. Bevor Sie beide Ringe in unterschiedlicher Höhe am Kochlöffel dekorieren, fädeln Sie bitte die Holzperlen auf. Jetzt binden Sie das Schleifenband rechts und links an den Löffel und verzieren beide Seiten mit einer Schleife.

Material

- 2 Holzringe, ø 55 mm
- 1 Kochlöffel, 16 cm lang
- Bastelfarbe, grün und weiß
- Schleifenband, grün-weiß kariert, 5 mm breit, 1 x ca. 36 cm lang (Aufhängeband für Kaffeelöffel), 2 x ca. 28 cm lang (2 Schleifen)
- Schleifenband, grün-weiß kariert, 1 cm breit, 4 x ca. 21 cm lang (4 Schleifen für Ringe)
- 2 Holzperlen, grün, ø 10 mm
- 11 Holzperlen, grün, ø 8 mm
- Baumwollfaden grün, 1 x ca. 12 cm lang (Aufhängen eines Ringes), 1 x ca. 18 cm lang (Aufhängen eines Ringes), 1 x ca. 10 cm lang (für Küchenholzteile)
- Holz-Streuteile: 1 Schüssel, 2 Küchenteile zum Aufhängen
- Schaschlikstab

Es ist Halloween!

Bemalen Sie die Ringe und umwickeln Sie die kleineren mit dem passenden Schleifenband. Nun werden alle Ringe mit dem Baumwollfaden untereinander aufgereiht und das Aufhängeband angebracht. Vor dem Verknoten bitte die Holzperlen mit auffädeln. Zuletzt kleben Sie alle Streuteile und die kleinen Bastschleifen an.

Material

- 1 Holzring, ø 70 mm
- 3 Holzringe, ø 55 mm
- Bastelfarbe, weiß, gelb, orange und olivgrün
- Schleifenband, gelb-weiß, orange-weiß und olivgrün-weiß kariert, 5 mm breit, je ca. 35 cm lang (Umwickeln der kleinen Ringe)
- Bast, gelb, 6 x ca. 25 cm lang (6 Schleifen)
- 4 Holzperlen, natur, ø 15 mm
- Baumwollfaden, natur, 3 x ca. 12 cm lang (Verbinden der Ringe), 1 x ca. 100 cm lang (Aufhängeband)
- Holz-Streuteile: 4 Sterne, 1 Mond, 1 Eule, 2 Geister, 1 Kürbis

Herbstringe

Ring mit Tontöpfchen

Bevor Sie das Töpfchen in den bemalten und mit Band umwickelten Ring kleben, fixieren Sie ein Ende des Schleifenbandes im Topf und kleben dann etwas Bast oder Holzwolle hinein. An das andere Ende des Bandes wird ein kleiner, aus Buchsbaumdraht gebundener Kranz (ø ca. 50 mm) geknotet. In diesen kleben Sie das Blatt. Fixieren Sie das Töpfchen im Ring und binden Sie eine kleine Schleife oberhalb des Kranzes um das Aufhängeband. Eine kleine Schleife auf dem Tontopfrand, drei Holzperlen und ein weiteres Blatt bringen Sie gemäß der Abbildung an. Dann fädeln Sie die dicke Holzperle auf und befestigen den Baumwollfaden zum Aufhängen.

Ring mit Blättern

Kleben Sie ein Blatt in die Mitte des bemalten und mit Band umwickelten Ringes. Den Baumwollfaden knoten Sie an den Ring und fädeln die größere Holzperle darauf. Jetzt kleben Sie zwei Blätter deckungsgleich auf den Faden und ziehen die kleinere Holzperle auf. Die Vorder- und Rückseite des Ringes wird mit je einer Schleife verziert.

Ring mit Schaf

(Beschreibung und Material Seite 28)

Material Ring mit Tontöpfchen

- 1 Holzring, ø 75 mm
- Bastelfarbe, grün
- Schleifenband, grün-weiß kariert, 5 mm breit, 1 x ca. 44 cm lang (Umwickeln des Ringes), 1 x ca. 24 cm lang (Aufhängen des Kränzchens), 1 x ca. 20 cm lang (kleine Schleife), 1 x ca. 12 cm lang (Schleife für Tontöpfchen)
- 1 kleiner Tontopf, ca. 3 cm hoch
- Rest Holzwolle oder Bast
- Buchsbaumgirlande, ca. 40 cm lang
- 3 Holzperlen, grün, ø 8 mm
- 1 Holzperle, natur, ø 15 mm
- Baumwollfaden, grün, ca. 100 cm lang (Aufhängeband)
- Holz-Streuteile: 2 Blätter

Material Ring mit Blättern

- 1 Holzring, ø 55 mm
- Bastelfarbe, grün
- Schleifenband, grün-weiß kariert, 5 mm breit, 1 x ca. 33 cm lang (Umwickeln des Ringes), 2 x ca. 25 cm lang (2 Schleifen)
- Baumwollfaden, grün, ca. 100 cm lang (Aufhängeband)
- 1 Holzperle, grün, ø 8 mm
- 1 Holzperle, grün, ø 6 mm
- Holz-Streuteile: 3 Blätter

Material Ring mit Schaf

- 1 Holzring, ø 65 mm
- Bastelfarbe, terrakotta
- Schleifenband, grün-weiß kariert, 5 mm breit, ca. 15 cm lang
- Efeu-Girlande, ca. 25 cm lang
- Holzzaun, dunkelgrün, 3 cm hoch, ca. 4 cm lang
- 1 Holzperle, grün, ø 8 mm
- 1 Holzperle, grün, ø 6 mm
- Baumwollfaden, grün, ca. 100 cm lang
- 1 Holz-Streuteil: Schaf

Ring mit Schaf

(Abbildung Seite 27)

Nach dem Bemalen drapieren Sie die Efeu-Girlande um den Holzring. Die Enden kleben Sie fest. Befestigen Sie den Holzzaun und das Schaf gemäß der Abbildung, knoten Sie dann das Aufhängeband an den Ring und versehen Sie es mit Perlen. Eine kleine Schleife, platziert auf der Zaunspitze, verschönert den Ring.

Weihnachtsdeko in Blau

Anhänger

Nach dem Umwickeln des bemalten Ringes befestigen Sie die Holzglocke mit dem Baumwollfaden am oberen Rand. Nun werden das Aufhängeband angeknotet und zwei Holzperlen aufgefädelt. Binden Sie zwei Schleifen und kleben Sie diese auf Vorder- und Rückseite des Ringes.

Adventskranz

Unter den bemalten und mit Schleifenband umwickelten Ring kleben Sie die vier Holzperlen in gleichmäßigen Abständen. Die Kerzentüllen bringen Sie genau versetzt auf dem Ring an und binden jeweils eine Schleife darum. Nun drapieren Sie um jede Kerzentülle ein Stück Ilex-Girlande.

Material Anhänger

- 1 Holzring, ø 75 mm
- Bastelfarbe, blau
- Schleifenband, blau-weiß kariert, 1 cm breit, 1 x ca. 45 cm lang (Umwickeln des Ringes), 2 x ca. 27 cm lang (2 Schleifen)
- 1 Holzglocke, natur, ca. 3,5 cm hoch
- 1 Holzperle, natur, ø 15 mm
- 1 Holzperle, natur, ø 10 mm
- Baumwollfaden, blau, 1 x ca. 100 cm lang (Aufhängeband), 1 x ca. 8 cm lang (Aufhängen der Glocke)

Material Adventskranz

- 1 Holzring, ø 95 mm
- Bastelfarbe, blau
- Schleifenband, blau-weiß kariert, 5 mm breit, 1 x ca. 60 cm lang (Umwickeln des Ringes), 4 x ca. 26 cm lang (Kerzentüllen)
- Ilex-Girlande, 4 x ca. 18 cm lang
- 4 Kerzentüllen, natur, ø 2 cm
- 4 Holzperlen, natur, ø 15 mm
- 4 Kerzen, blau

Weihnachtsringe in Grün und Rot

Ring mit Schaukelpferd

Dekorieren Sie den bemalten und umwickelten Ring mit der Tannengirlande und kleben Sie beide Enden fest. Das Schaukelpferd fixieren Sie in der Mitte. Ziehen Sie das Schleifenband zum Aufhängen durch den Ring und kleben Sie beide Enden zusammen. Auf die so entstandene Schlaufe setzen Sie nun die gebundene Schleife.

Ring mit Apfel

Zuerst kleben Sie den Apfel in den bemalten und umwickelten Ring, danach befestigen Sie die kleinen Reisigstücke oder Äste. Zwei kleine Schleifen finden beidseitig unterhalb des Apfels ihren Platz. Nachdem Sie das Aufhängeband angebracht haben, fädeln Sie die beiden Perlen auf.

Ring mit Glocke

Die Metallglocke wird mit dem Baumwollfaden am bemalten und umwickelten Ring befestigt. Knoten Sie den Aufhängefaden an und ziehen Sie die Holzperlen auf. Zwei gebundene Schleifen kleben Sie auf die Vorder- und Rückseite des Ringes.

Material Ring mit Schaukelpferd

- 1 Holzring, ø 70 mm
- Bastelfarbe, grün
- Schleifenband, rot-grün kariert, 1 cm breit, 1 x ca. 40 cm lang (Umwickeln des Ringes), 1 x ca. 18 cm lang (Aufhängeband), 1 x ca. 25 cm lang (Schleife)
- Tannengirlande, ca. 22 cm lang
- Holz-Streuteil: 1 Schaukelpferd

Material Ring mit Apfel

- 1 Holzring, ø 55 mm
- Bastelfarbe, grün
- Schleifenband, rot-grün kariert, 1 cm breit, ca. 35 cm lang (Umwickeln des Ringes)
- Schleifenband, rot-grün kariert, 5 mm breit, 2 x ca. 22 cm lang (2 Schleifen)
- 1 Holzperle, rot, ø 8 mm
- 1 Holzperle, rot, ø 6 mm
- Etwas Reisig oder kleine Äste
- Baumwollfaden, grün, ca. 100 cm lang
- Miniatur-Teil: 1 Apfel

Material Ring mit Glocke

- 1 Holzring, ø 70 mm
- Bastelfarbe, grün
- Schleifenband, rot-grün kariert, 5 mm breit, 1 x ca. 40 cm lang (Umwickeln des Ringes), 2 x ca. 28 cm lang (2 Schleifen)
- 1 Holzperle, grün, ø 10 mm
- 1 Holzperle, grün, ø 8 mm
- 1 Metallglocke, rot, ca. 3 cm hoch
- Baumwollfaden, rot, 1 x ca. 100 cm lang (Aufhängeband), 1 x ca. 8 cm lang (Aufhängen der Glocke)

Weihnachtlicher Fensterrahmen

Nachdem Sie die Ringe bemalt und mit Schleifenband umwickelt haben, werden die Weihnachts-Streuteile fixiert. Binden Sie nun acht kleine Schleifen und kleben Sie diese unterhalb der Streuteile auf Vorder- und Rückseite. Jetzt werden die Ringe mittels einer kleinen Schlaufe am Fensterrahmen angebracht. Befestigen Sie nun das Schleifenband zum Aufhängen am Rahmen und knoten Sie rechts und links eine kleine Schleife herum. Zum Schluss werden auf Vorder- und Rückseite des Rahmens zwei große Schleifen geklebt. So geschmückt wird dieser Rahmen bestimmt einen Platz in Ihrem Fenster finden.

Material

- Fensterrahmen, grün, 19 cm x 15 cm
- 4 Holzringe, ø 55 mm
- Bastelfarbe, rot
- Schleifenband, rot-grün kariert, 1 cm breit, 4 x 33 cm lang (Umwickeln der Ringe), 8 x 25 cm lang (kleine Schleifen)
- Schleifenband, rot-grün kariert, 5 mm breit, 4 x 8 cm lang (4 Schlaufen), 2 x 25 cm lang (2 Schleifen) und 1 x 45 cm lang (Aufhängeband)
- Schleifenband, rot-grün kariert, 1,5 cm breit, 2 x 30 cm (große Schleifen für Rahmen)
- Holz-Streuteile: 4 Weihnachtsmotive